AF312368

VENTE
DU
SAMEDI 13 JUIN 1903

HÔTEL DROUOT, SALLES 10 ET 11

à 2 heures

Collection de M. Ed. Chastel

Collection de M. Deloison

TABLEAUX
Modernes

COMMISSAIRE-PRISEUR

Mᵉ PAUL CHEVALLIER
10, rue Grange-Batelière, 10

EXPERT

M. GEORGES PETIT
12, rue Godot-de-Mauroi, 12

CATALOGUE

DES

TABLEAUX MODERNES

PAR

BAKALOWICZ, DELPY, DESCHAMPS, DUFEU, DUPRAY
HENNER, HUGUET, ISABEY, LÉPINE, LUMINAIS, MONTICELLI
MOREAU, PASINI, PISSARRO, REGNAULT
RIBOT, ROYBET, THORNLEY, VOLLON, WEBER, ZIEM, ETC.

AQUARELLE par JONGKIND

DESSINS

Composant la Collection de M. Ed. Chastel

ET DES

Tableaux Modernes

PAR

BENASSIT, BENNER, BRASCASSAT, COROT
DIAZ, J. DUPRÉ, FRANÇAIS, FROMENTIN, HENNER, HUMBERT
DE NEUVILLE, NOEL, RAFFAELLI, TH. ROUSSEAU
VIGNON, VUILLEFROY, ETC.

AQUARELLES — DESSIN

PAR

ADAN, BOUDIN, MILLET

Composant la Collection de M. Deloison

ET DONT LA VENTE AURA LIEU A PARIS

HOTEL DROUOT, Salles 10 & 11 réunies

Le Samedi 13 Juin 1903

à deux heures

<table>
<tr><td>COMMISSAIRE-PRISEUR
Me PAUL CHEVALLIER
10, Rue Grange-Batelière, 10</td><td>EXPERT
M. GEORGES PETIT
12, Rue Godot-de-Mauroi, 12</td></tr>
</table>

EXPOSITION PUBLIQUE

Le Vendredi 12 Juin 1903, de 1 heure 1/2 à 5 heures 1/2.

Paris. — Imp. Georges Petit, 12, rue Godot-de-Mauroi. — 13333-05.

Collection de M. Ed. Chastel

TABLEAUX

BAKALOWICZ

1 — *La Châtelaine.*

Signé à droite, en bas, et daté : 1875.

Panneau. Haut., 55 cent.; larg., 34 cent.

DELPY H.-C.

2 — *Soleil couchant à Gassicourt.*

Le fleuve étend sa nappe d'eau qui miroite sous les derniers rayons du soleil.

Au centre, un massif d'arbres met une tache noire sur le ciel. Au fond, à l'horizon, de gros nuages roulent au-dessus de collines bleutées.

Signé à droite, en bas, et daté : 96.

Panneau. Haut., 60 cent.; larg., 95 cent.

DELPY (H.-C.)

3 — *Bords de rivière.*

La rivière roule ses eaux glauques sous le ciel, où le vent chasse de gros nuages gris.

A droite, couché par la rafale, deux grands arbres dressent leurs troncs puissants ; à l'horizon, une colline, au pied de laquelle on aperçoit une ligne de grands arbres touffus.

Au premier plan, une berge verdoyante, puis un groupe de laveuses sur le bord du fleuve.

Signé à droite, en bas.

Panneau. Haut., 52 cent. ; larg., 58 cent.

DESCHAMPS (Louis)

4 — *Harpagon.*

Il est vu de face, la tête couverte d'une calotte noire, qui laisse échapper des cheveux blancs encadrant un visage aux yeux caves, à la mine ascétique, soucieux de l'argent, « leur épée de chevet », que le factotum Maître Jacques pourra dépenser au plus prochain repas.

Signé à droite, en bas.

Toile. Haut., 53 cent.; larg., 42 cent.

DUFEU

5 — *La Salute.*

Signé à droite, en bas.

Toile. Haut., 73 cent.; larg., 1 m. 10.

DUPRAY

6 — *Artillerie de forteresse, sous la troi-
sième République.*

Signé à droite, en bas.

Panneau. Haut., 27 cent.; larg., 36 cent.

HENNER

7 — Nymphe.

Elle est vue de face, le bras gauche replié derrière la tête, la main droite perdue dans une opulente chevelure blonde qui tombe en cascade sur ses épaules. La jambe gauche est légèrement fléchie, la droite supportant tout le poids de ce beau corps, dont la nudité splendide ne craint nul regard indiscret.

Au fond, à gauche, dans la masse sombre des arbres, une large échancrure à travers laquelle on aperçoit le ciel bleu.

Signé à droite, en bas.

Toile. Haut., 61 cent.; larg., 44 cent.

HUGUET

8 — Caravane en marche.

Dans une plaine, bordée à l'horizon par une chaîne de collines azurées, une caravane s'avance, conduite par un guide à veste rouge.

Signé à droite, en bas, et daté : 68.

Toile. Haut., 38 cent.; larg., 55 cent.

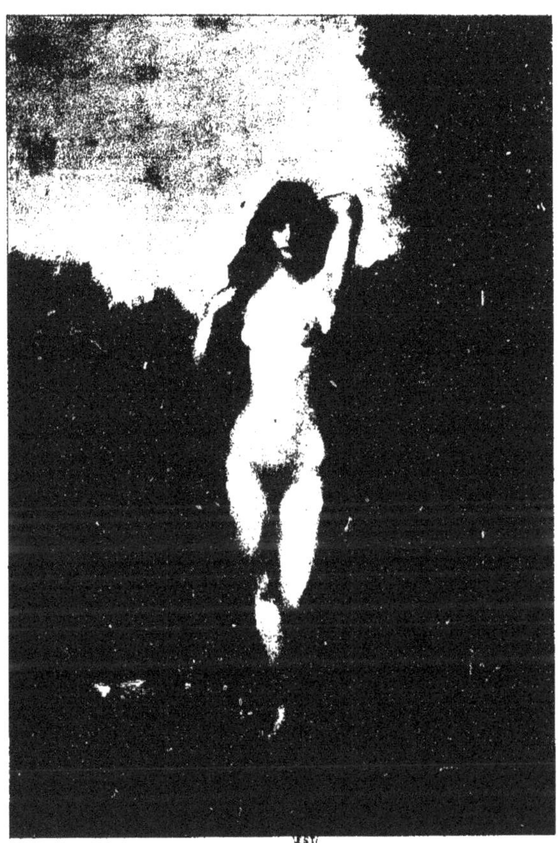

7 — HENNER. *Nymphe.*

ISABEY

9 — *Un Village de pêcheurs.*

Un de ces coins pittoresques de la vieille Normandie, comme les aimait à peindre Isabey.

Au premier plan, parmi les fragments de solives, les poutres et les brises-lames vermoulus, des enfants entretiennent un feu sous une marmite qui sert à chauffer le goudron. Une femme, un bébé dans les bras, s'intéresse à ce spectacle, ayant auprès d'elle son plus jeune fils.

Derrière, des pêcheurs s'occupent à calfater un bateau couché sur le flanc.

A droite, les maisons du village, puis à gauche, d'autres barques de pêche encore, auprès desquelles grouille toute une foule de marins.

Signé à gauche, en bas.

Toile. Haut., 42 cent.; larg., 58 cent.

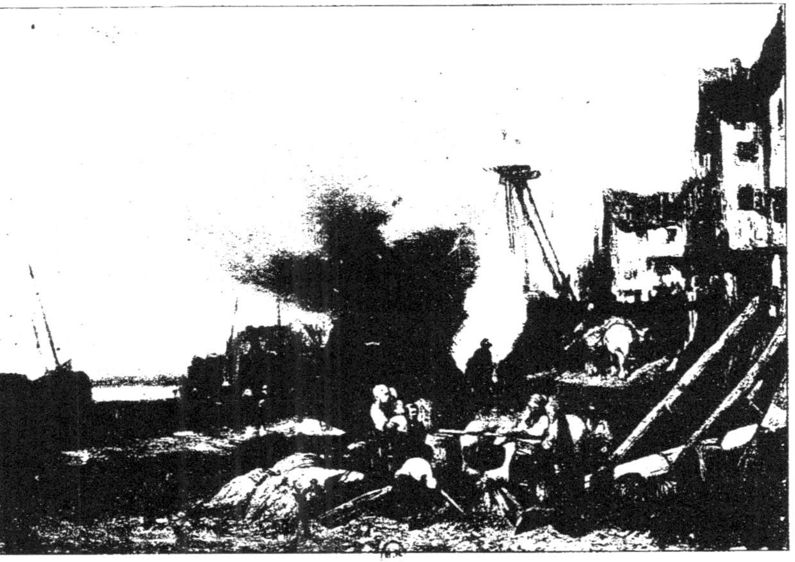

9 — ISABEY. *Un Village de pêcheurs.*

JACQUAND (C.)

10 — *La Levée d'écrou.*

A la porte d'une prison, à travers les barreaux de laquelle on aperçoit, à gauche, deux détenus, un geôlier à mine rébarbative, coiffé d'un bonnet de fourrure, vêtu d'une longue houppelande verte, lit d'un œil attentif la levée d'écrou que lui présente une femme acompagnée d'une fillette, l'épouse et l'enfant, sans nul doute, d'un des locataires du sombre édifice.

Signé à gauche, en bas, et daté : *1824*.

Toile. Haut., 64 cent. ; larg., 51 cent.

LÉPINE

11 — *Le Vieux lavoir.*

Sur la gauche du ruisseau aux eaux limpides, qu'ombragent de grands arbres aux rameaux verdoyants, un lavoir a été construit.

Des femmes battent et lavent du linge qui met des clairs reflets dans les eaux transparentes du ruisseau.

Signé à droite, en bas.

Toile. Haut., 41 cent.; larg., 54 cent.

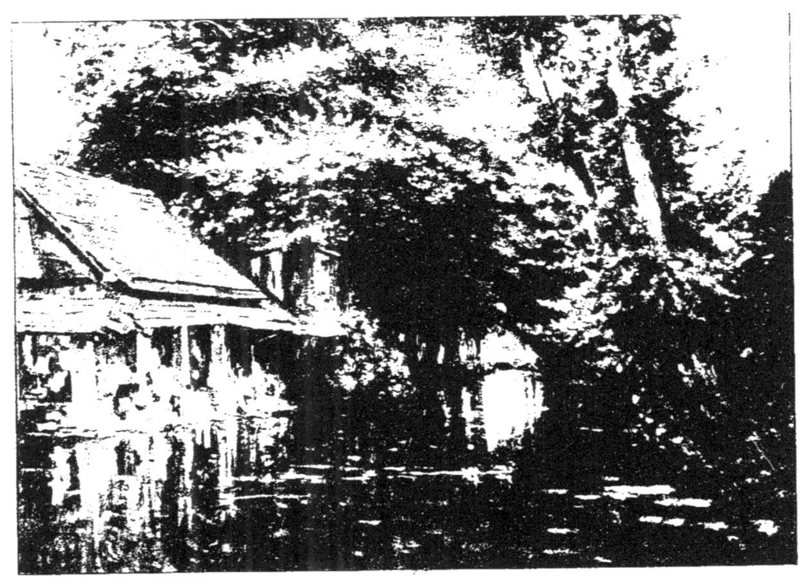

LÉPINE. *Le Vieux Lavoir.*

LUMINAIS

12 — *La Descente.*

Signé à gauche, en bas.

Panneau. Haut., 30 cent. ; larg., 40 cent.

MONTICELLI

13 — *La Causerie dans le parc.*

Sur la pelouse verdoyante, ombragée par des massifs ombreux à travers lesquels filtrent, par endroits, les clartés du ciel azuré, plusieurs personnages sont réunis.

A gauche, deux femmes en satin rose et bleu conversent longuement. Au milieu, près d'une femme assise sur un tertre de gazon, trois autres personnages ; à droite, enfin, coiffé d'un chapeau à larges bords, un homme au pourpoint de soie jaune, tient en laisse deux chiens, l'un blanc, l'autre noir.

Signé à droite, en bas.

Panneau. Haut., 48 cent. ; larg., 77 cent.

MOREAU (Jean)

14 — *Le Chemineau.*

Assis auprès d'un âtre rustique, un chemineau,
à la veste élimée par l'usure, au pantalon frangé
par un trop long usage, mange une assiettée de
soupe donnée par la bonne hôtesse, tandis que,
derrière lui, un gamin verse d'un pichet de grès
le vin qui étanchera la soif du vieillard.

Signé à droite, en bas.

Toile. Haut., 45 cent.; larg., 55 cent.

PASINI

15 — *Bords de la Seine aux environs de
Charenton.*

La Seine déroule son ruban d'argent sous un
ciel tout illuminé des rayons du soleil couchant.
Au fond, à l'horizon, un village, et puis, sur
la rivière, une péniche amarrée.

Signé à droite, en bas, et daté : 55.

Panneau. Haut., 16 cent.; larg., 22 cent.

PISSARRO

16   *La Foire autour de l'église Saint-Jacques, à Dieppe.*

À gauche, se profilant dans le ciel bleu, où courent des nuages blancs, l'église paroissiale, dont les piliers de l'abside mettent des traînées d'ombre et de lumière sur l'antique nef.

À droite, sur la place, une foule grouillante et bariolée se presse autour des baraques foraines et d'un manège de chevaux de bois.

Signé à gauche, en bas, et daté : *1901.*

Toile. Haut., 72 cent.; larg., 93 cent.

REGNAULT (Henri)

17   *Judith.*

À la porte de la tente d'Holopherne, Judith, un glaive nu à la main, casquée de cheveux noirs, la poitrine découverte, une ceinture de soie rose retenue à la taille par une boucle d'orfèvrerie, attend le moment où les fumées de l'ivresse auront terrassé le général assyrien, pour pénétrer dans l'intérieur et délivrer sa patrie du joug de l'oppresseur.

Signé à gauche, en bas, et daté : *Rome, 1869.*

Toile. Haut., 42 cent.; larg., 28 cent.

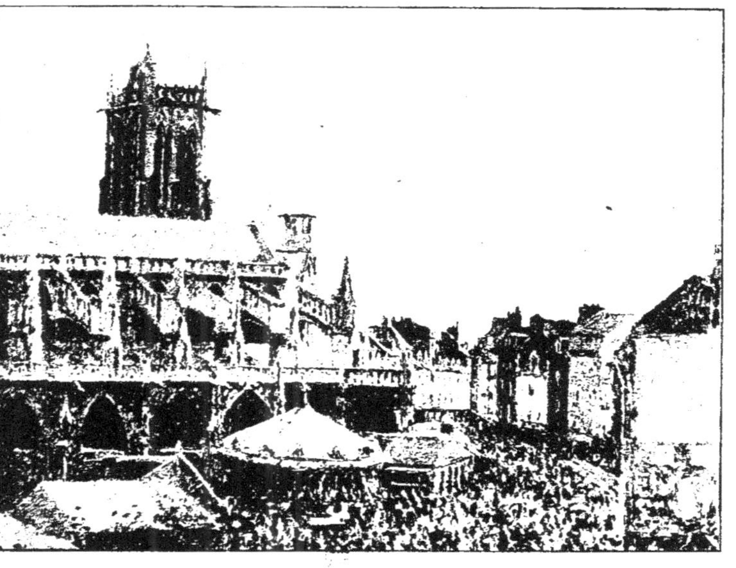

16 — PISSARRO. *La Foire autour de l'église Saint-Jacques, à Dieppe.*

RIBOT (Th.)

18 — *Le Géomètre.*

Un compas dans la main droite qui s'appuie sur le genou, une feuille de papier repliée sous la main gauche, le vénérable géomètre est vu de trois quarts à gauche, vêtu d'une robe de bure. Sa barbe et ses cheveux blancs tranchent vigoureusement sur le fond du tableau.

A gauche, près de la table, quelques volumes sont posés.

Signé à droite, en bas.

Toile. Haut., 73 cent; larg., 58 cent.

ROYBET

19 — *Reître Louis XIII.*

Il est vu de trois quarts à droite, un feutre noir à larges bords abritant son visage, collerette blanche autour du cou, vêtu d'un pourpoint brodé.

Signé à droite, en haut.

Panneau. Haut., 60 cent.; larg., 45 cent.

THORNLEY

20 — *Paysage d'hiver.*

Signé à droite, en bas.

Toile. Haut., 46 cent.; larg., 60 cent.

VOLLON

21 — *Poire et prunes.*

Signé à gauche, en bas.

Panneau. Haut., 12 cent.; larg., 17 cent.

WEBER (Th)

22 — *Dans la cour de l'auberge.*

Dans une cour d'auberge, bordée à droite et à gauche par de vieilles maisons à pignons, des femmes s'occupent de déharnacher un cheval blanc qui revient du marché.

Signé à droite, en bas.

Toile. Haut., 26 cent.; larg., 19 cent.

ZIEM

23 — *Le Grand Canal, à Venise.*

A droite, faisant suite au quai des Esclavons,
sur lequel plusieurs personnages sont assis, le
palais des Doges, le Campanile, la place Saint-
Marc et les Jardins français, dans un poudroie-
ment de lumière dorée ; à gauche, fendant de
son étrave les eaux azurées, s'avance sur le
Canale Grande un vapeur à la coque brune, au
grand pavois de fête.

A l'horizon, se découpant sur le ciel embrasé,
la Salute et les bâtiments de la Douane.

Signé à droite en bas.

Panneau. Haut., 60 cent., larg., 81 cent.

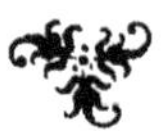

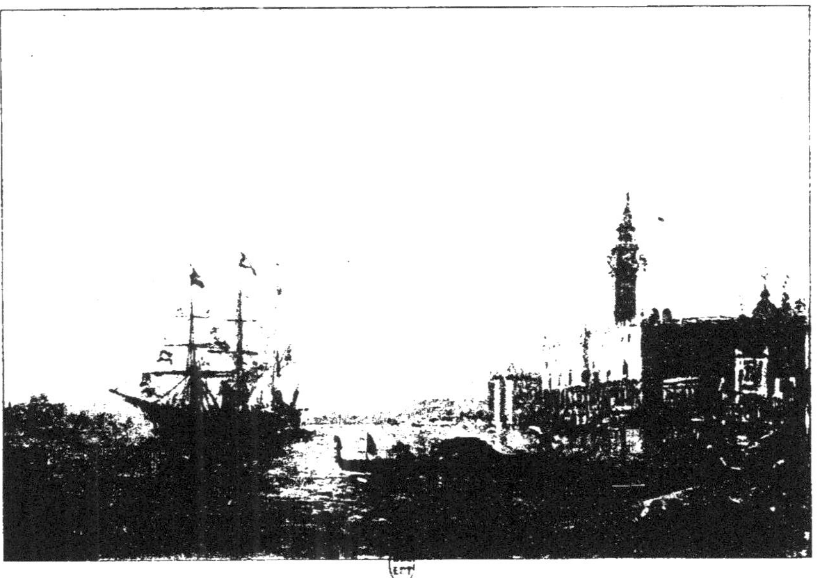

23 — ZIEM. Le Grand Canal, à Venise.

AQUARELLE

JONGKIND

24 — *Canal à Dordrecht.*

> A droite, en bas, le timbre de la vente, et daté : *4 sept. 69.*

> Haut., 27 cent.; larg., 37 cent.

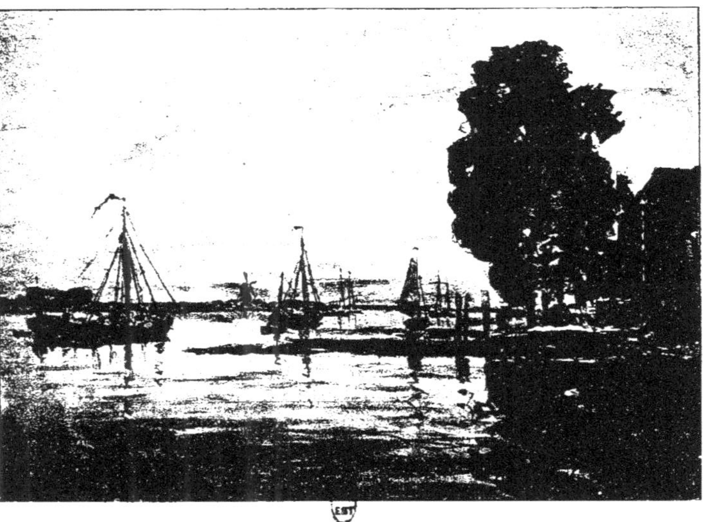

24 — JONGKIND. *Canal, à Dordrecht.*

DESSINS

FORAIN

25 — *L'Inspecteur d'Académie.*

> Dessin à l'encre de Chine, sur papier blanc.
> Signé à droite, en bas.

FORAIN

26 — *Enfin, moi, tout le monde, nous le
l'avions dit, que c'était un gredin !
— C'est vrai, mais je me croyais de
force !*

> Dessin à la plume, sur papier blanc.

GRANDVILLE

27 — *A la ville : promenade sous Louis-
Philippe.*

> Dessin à la plume, sur papier crème.

GRANDVILLE

28 — *Excursion champêtre sous Louis-Philippe.*

> Dessin à la plume, rehaussé de lavis, sur papier blanc.

HERMANN (Paul)

29 — *Le Renseignement.*

> Signé à droite en bas.
> Dessin à l'encre de Chine, sur papier blanc.

INCONNU

30 — *Douleur.*

> Dessin au crayon sur papier blanc.

LÉANDRE

31 — *Les Décorés.*

> Signé à droite, au milieu, et daté : 96.
> Dessin au crayon sur papier blanc.

LUMINAIS

32 — *Étude pour un batelier.*

> A droite, en bas, le timbre de la vente.
>
> Dessin au crayon rehaussé de blanc, sur papier gris.

WILLETTE

33 — *Une Arrestation.*

> Signé à droite en bas.
>
> Dessin au crayon, sur papier blanc.

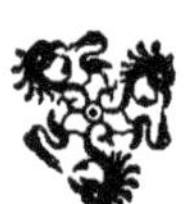

Collection de M. Deloison

TABLEAUX

BENASSIT

3.4 — *En vedette.*

Monté sur un cheval brun, dont la tête se courbe instinctivement sous la pluie et les rafales, un dragon, vêtu d'un long manteau gris, interroge anxieusement l'horizon.

Signé à droite, en bas.

Panneau. Haut., 27 cent.; larg., 22 cent.

BENNER

35 — *Tête de jeune fille de Capri.*

Elle est vue de profil à droite, coiffée d'une opulente chevelure noire, le teint bistré, un anneau d'or aux oreilles.

Signé à droite, en bas, et daté : *Capri.*

Toile. Haut., 45 cent.; larg., 34 cent.

BENNER

36 — *Le Palmier de Capri.*

Entre de grands murs, l'un de terre battue, l'autre de maçonnerie, serpente une étroite ruelle dont les coins d'ombre abritent de jeunes paysannes en costumes de couleurs claires.

Au fond, se dessinant vigoureusement sur le ciel bleu, un palmier étend ses tiges verdoyantes.

Signé à gauche, en bas, et daté : *Capri 1878.*

Toile. Haut., 48 cent.; larg., 26 cent.

BENNER

37 — *Une Rue à Capri.*

Le soleil met de grandes taches de lumière sur des murs blancs, qui eux-mêmes projettent une ombre tutélaire où s'abrite une jeune paysanne. Cette dernière est vue de face, vêtue d'une chemisette blanche, jupe de bure, tablier violet, une cruche de grès reposant sur la jambe gauche, dont le pied appuie sur une pierre élevée.

Signé à droite, en bas, et daté : *Capri 1878.*

Toile, Haut., 48 cent. ; larg., 26 cent.

BENNER

38 — *Pêcheuses dans la grotte d'Azur, à Capri.*

Assise sur un bloc de rochers, une jeune fille en corsage d'étoffe blanche, jupe rouge, tient de la main droite une canne à pêche qui lui a servi à prendre de nombreux poissons.

Derrière elle, une de ses amies, en corsage vert, suit d'un œil attentif les résultats de la pêche.

Signé à droite, en bas, et daté : *1878.*

Toile. Haut., 60 cent.; larg., 80 cent.

BRASCASSAT

39 — *Muletier espagnol.*

Vêtu d'un gilet d'étoffe rouge, d'une culotte de velours vert, coiffé d'un chapeau pointu en feutre, le muletier, portant sur son épaule droite sa veste, conduit de la main gauche un âne, dont le bât supporte deux tonneaux de vendange.

Signé en bas, au milieu, et daté : *Rome, 1839.*

Panneau. Haut., 33 cent.; larg., 41 cent.

BRION

40 — *Scène d'intérieur.*

Signé à gauche, au milieu.

Panneau. Haut., 25 cent.; larg., 32 cent.

COROT

41 — *La Petite charrette.*

Dans une plaine baignée de vapeurs grises et bordée à l'horizon par une ligne de collines bleutées, au pied desquelles on devine, dans la brume du matin, quelques rares maisons, s'avance sur une route une charrette tirée par deux chevaux, dont l'un porte le conducteur.

A gauche, près la charrette, une femme à la coiffe rouge ; puis, à droite, se profilant sur le ciel, un arbre au feuillage ténu et léger.

Signé à droite, en bas.

Panneau. Haut., 38 cent. ; larg., 51 cent.

DIAZ

42 — *Une Clairière en forêt.*

Esquisse.

A droite, en bas, le timbre de la vente.

Panneau. Haut., 33 cent ; larg., 48 cent.

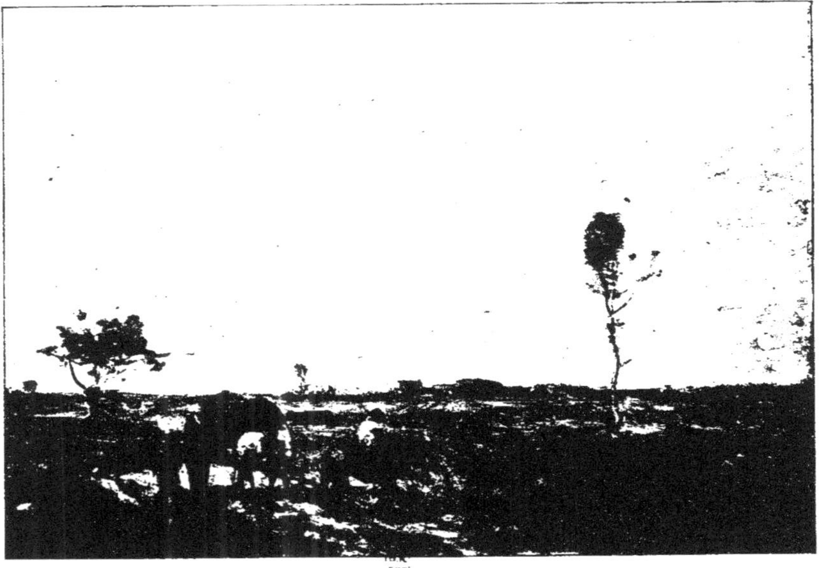

42   COROT. *La Petite charrette.*

DUPRÉ (Jules)

43 - *Un Pêcheur, à l'aube.*

Sur le ruisseau tout embrouillardé encore des brumes du matin, un pêcheur monté dans une barque retire à gauche ses filets. La barque est amarrée au pied d'un bouquet de saules, dont les branches se courbent vers le sol.

À droite, dressant leurs troncs vigoureux dans le ciel nuageux où percent quelques coins du ciel bleu, deux arbres sont plantés sur le bord du ruisseau, non loin d'une cabane à toit de chaume, que l'on aperçoit à travers la verdure.

Signé à droite, en bas.

Toile. Haut., 48 cent; larg., 59 cent.

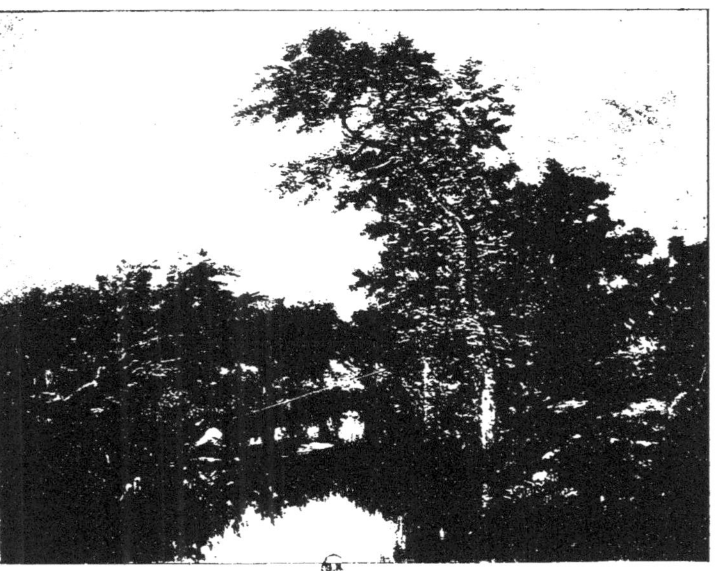

13 — DUPRÉ JULES. *Un Pêcheur à la ligne.*

FRANÇAIS

44 — *La Rivière.*

A droite, des saules et des grands arbres, dont les pieds baignent dans les eaux calmes de la petite rivière, au milieu de laquelle on voit une île verdoyante ; à gauche, à l'horizon, un talus où l'on devine, dans la brume, quelques constructions.

Le ciel est d'azur, avec de transparentes nuées grises.

Signé à gauche, en bas.

Panneau. Haut., 54 cent.; larg., 46 cent.

FROMENTIN

45 — *Au bord du Nil.*

Au pied d'un tertre de gazon, qu'ombragent de grands arbres aux rameaux touffus, deux femmes indigènes, en futah noire, sont assises. L'une d'elles, les jambes repliées, appuye le coude gauche sur une caisse.

Étude du tableau pour le Salon de 1874.

Au dos, en haut, à droite, le cachet de la vente.

Panneau. Haut., 52 cent ; larg., 41 cent.

HENNER

46 — *Tête de Hongroise.*

Sur un fond sombre s'enlèvent vigoureusement les contours gracieux d'une jeune Hongroise, dont les cheveux dorés descendent en opulente cascade sur des épaules nues.

Signé à droite, en haut.

Panneau. Haut., 25 cent.; larg., 19 cent.

HUMBERT (F.)

47 — *Soldat albanais.*

Assis sur un banc de pierre, un soldat albanais, en costume rouge brodé d'or, coiffé d'un fez écarlate, tient en sa main droite un long fusil de rempart.

Signé à droite, en bas, et daté : 68.

Panneau. Haut., 33 cent.; larg., 24 cent.

KARL-ROBERT

48 — *Paysage.*

Peinture sur métal.
Signé à droite, en bas.

Haut., 17 cent.; larg., 28 cent.

DE NEUVILLE

49 — *Un Mobile en 1870.*

Il est vu de profil à droite, coiffé d'un képi à bande rouge, vêtu d'une vareuse bleu foncé et d'un pantalon dont le bas est rentré dans des guêtres de cuir. De ses deux mains, il s'appuie sur un chassepot.

Dans le dos, un sac avec paquetage de campagne, demi-couverture, piquets de tente et gamelle.

Signé à gauche, en bas, et daté : 1875.

Toile. Haut., 28 cent. ; larg., 18 cent. 1/2.

NOEL

50 — *Valegin, prison des femmes, près Neufchâtel (Suisse).*

> Signé à droite, en bas.
> Peinture sur porcelaine.

> Haut., 47 cent., larg., 50 cent.

NOEL (G.)

51 — *Vue d'Yport (Seine-Inférieure).*

> Signé à droite, en bas.
> Peinture sur porcelaine.

> Haut., 38 cent.; larg., 51 cent.

RAFFAELLI

52 — *La Rentrée des chiffonniers.*

> Sur une route des environs de Paris, dont on aperçoit au fond les cheminées d'usines et les constructions, trois chiffonniers s'avancent. Le premier porte dans le dos un sac bourré, preuve évidente d'une bonne récolte : les deux autres ont à leurs épaules une hotte remplie de détritus de toutes sortes.
>
> Trois chiens accompagnent leurs maîtres dont la journée s'est terminée aux premières heures du jour.
>
> Signé à gauche, en bas, et daté : 79.

> Toile. Haut., 90 cent.; larg., 88 cent.

Médaillé au Salon de 1879.

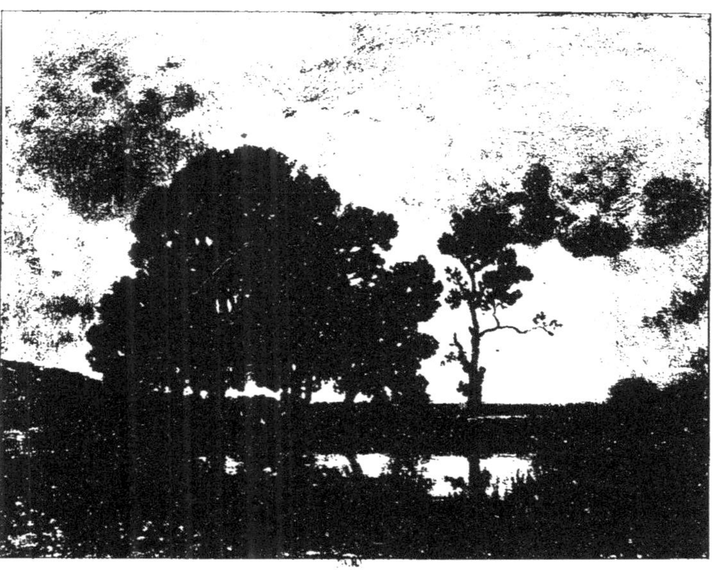

— ROUSSEAU (Th.). La Mare.

ROUSSEAU (Th.)

53 — *La Mare.*

Au premier plan, à travers les joncs et les herbes aquatiques, la mare étend sa nappe d'eau, dont la surface se colore des derniers rayons du soleil couchant.

Sur la berge, où une vache et deux femmes sont arrêtées, des chênes aux troncs puissants étendent leurs robustes ramures, à travers lesquelles on aperçoit quelques coins du ciel embrasé.

A droite, à l'horizon, d'autres arbres encore, et les premières maisons d'un village.

Signé à droite, en bas.

Toile. Haut., 39 cent.; larg., 47 cent.

ROUSSEAU (Th.)

54 — *Étude de paysage.*

Au-dessus de la plaine immense, que bordent à l'horizon les sombres contours d'une vaste forêt, courent au ciel de gros nuages noirs, précurseurs de l'orage et de la tempête prochaine.

Au fond, à droite, une légère éclaircie

Peinture sur carton.

Haut., 19 cent. ; larg. 27 cent.

SERRES (A.)

55 — *L'Enfant malade.*

Dans une humble demeure, couchée dans un petit lit de fer, repose une fillette, dont la pâleur extrême tranche à peine sur la blancheur du drap.

A son chevet, veille sa mère, les mains jointes, les yeux baignés de larmes et levés au ciel, dans une ardente et muette prière.

A droite, sur une petite table, flacons et médicaments.

Signé à gauche, en bas.

Panneau. Haut., 27 cent.; larg., 22 cent.

VIGNON

56 — *La Seine à Carrières.*

A gauche, sur la rive verdoyante qui descend en pente douce jusqu'au fleuve, un chemin serpente, qui conduit à quelques maisons tapies parmi les arbres.

A droite, se découpant sur le ciel gris, où courent de gros nuages blancs, un village dont on aperçoit le clocher.

Signé à gauche, en bas.

Toile. Haut., 20 cent.; larg., 19 cent.

VUILLEFROY

57 — *Vaches à l'abreuvoir.*

Deux vaches, les pattes dans l'eau d'une mare, s'abreuvent longuement, tandis que le soleil, qui filtre à travers les branches du bois voisin, accroche sur toutes choses de beaux reflets dorés.

Signé à droite, en bas.

Toile. Haut., 34 cent.; larg., 41 cent.

Aquarelles & Dessin

ADAN (Émile)

58 — *Le Chemin ombragé.*

Signé à droite, en bas.
Aquarelle.

Haut., 38 cent.; larg., 28 cent.

BOUDIN

59 — *Marine.*

Aquarelle.

MILLET

60 — *A l'Orée du bois.*

Au premier plan, une mare, dans laquelle se reflètent les grands arbres qui croissent sur ses bords.

Au fond, à droite, une colline s'estompant dans la brume.

Dessin au crayon, sur papier blanc.
Signé à droite, en bas.